IMPRESSUM

© Antonia Blöcker
Alle Rechte vorbehalten

Bildnachweis:
© Emmanuel Yamastine Ansong

Gesamtgestaltung, Zeichnungen,
Rezepte, Texte:
Antonia Blöcker

Verlag & Druck:
tredition GmbH,
Halenreie 40-44, 22359 Hamburg

Stipendiengeber:
Heinz Lohmann Stiftung
Paul-Wesjohann-Str. 45, 49429 Visbek

ISBN
978-3-347-14602-0 (Paperback)
978-3-347-14603-7 (Hardcover)
978-3-347-14604-4 (e-Book)

Lass mich, ich kann das!

Das Kinderkochbuch mit 19 Rezepten,
tollen Übungen und spannendem Wissen
rund um unser Essen

**Liebe Kinder und liebe Alle,
die Freude am Kochen haben,**

in diesem tollen Kochbuch zeige ich Euch und Eurer Familie Schritt für Schritt, wie einfach und lecker es ist, gesunde Gerichte zu kochen.

Die Gerichte in diesem Buch wurden von verschiedenen kritischen Testern, Freunden, Patenkindern, Neffen und Nichten geprüft und für "echt lecker" befunden.

Alle Rezepte sind einfach zuzubereiten und versorgen Euch mit vielen wichtigen Nährstoffen. So bleibt Ihr fit!

Die Nährstoffe wurden für jedes Gericht einzeln berechnet, um sie genau auf Eure Bedürfnisse maßzuschneidern.

Sie sind also nicht nur "echt lecker", sondern auch "echt gesund"!

Das Kochbuch enthält neben den Rezepten spannende Informationen zu verschiedenen Zutaten. Nach dem Kochen könnt Ihr eine kleine Übung machen. Die Übungen sollen Euch helfen, die Rezepte nach Euren Wünschen zu verbessern.

In diesem Sinne wünsche ich Euch viel Spaß beim Kochen, Experimentieren, Lernen und Genießen!

Eure

Antonia Blöcher

Inhalt

Unsere Küchenwerkzeuge und nützliche Utensilien	10 – 12
Kleines Abkürzungsverzeichnis	13
Ein paar wichtige Regeln für die Küche	14 – 15
Wie decke ich den Tisch	16 – 17
Schürze an und los geht's!	19 – 87

Bärentaucher
Polenta-Obst-Auflauf — 20 – 23

Champion im Perlenparadies
Couscoussalat mit gefüllten Champignons — 24 – 27

Dreierlei Leckerei
Kartoffelpizza mit Mus und Aprikosenfeldsalat — 28 – 31

Einäugiger Schmausereis
Reis mit roter Bohnensoße, Spiegelei und Banane — 32 – 35

Pizza Kohlori
Vollkornpizza mit Wirsing und Roter Beete — 36 – 39

GrüLiRollen mit Knack
Kohlrollen mit Grünkern, Erbsen und Granatapfel — 40 – 43

Krafti
Haferflocken-Früchte-Müsli für heiße Tage — 44 – 47

Kunterbunter
Zucchinispaghetti mit Linsen und Pumpernickel — 48 – 51

Hokkaidoboote
Hokkaidokürbis mit Hirse und Apfelsind   52 – 55

Apfel-Peter-Muffins
Muffins mit Apfelsaft, Lachs und Melonensalat   56 – 59

Linsige Freude
Linseneintopf mit Nüssen und Pflaumen   60 – 63

Matjes an der Waffel
Matjessalat mit Apfel und Orange in Joghurtsoße   64 – 67

Quisotto blanco
Quinoa mit Sellerie, Bergkäse und Salbei   68 – 71

Restefest
Lasagne aus altem Brot, Spinat und Karottensalat   72 – 75

Roter Feuertopf
Pochierte Eier in Tomaten-Paprikasoße   76 – 79

Schneeweißchen und Gemüsebunt
Ofenkartoffeln mit Grillgemüse und Quark   80 – 83

Spaghetti mit Hoffnung
Vollkornspaghetti mit Brokkolisoße und Feta   84 – 87

Zauberschmaus
Gefüllte Tomaten mit Kartoffelstampf   88 – 91

Volles Korn voraus
Dinkel-Roggen-Vollkornbrot mit Sesam   92 – 95

Danke, Danke, Danke!   97

Impressum   98

Unsere Küchenwerkzeuge und nützliche Utensilien von A bis K

A — Apfelstecher

B — Backform

Backblech

Brotmesser

Backofenrost

C

D

Dosenöffner

E

Einmalhandschuhe

EL = Esslöffel

F

G

Gemüsebürste

H

Handrührgerät mit Knethaken

Haushaltspapier

I

J

K

Kartoffelmesser

Kartoffelstampfer

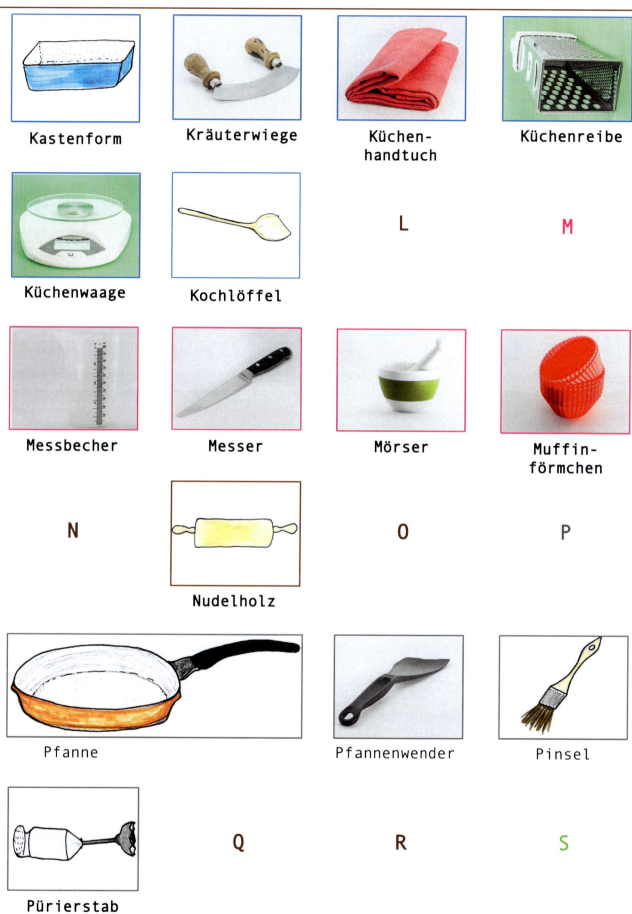

Unsere Küchenwerkzeuge und nützliche Utensilien von S - Z

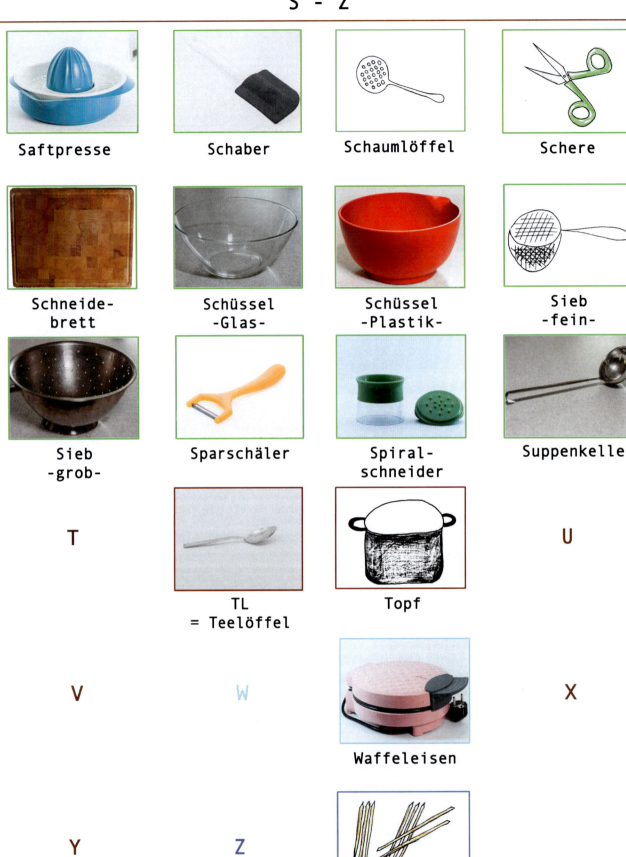

Kleines Abkürzungsverzeichnis

Bd	...	Bund
EL	...	Esslöffel
g	...	Gramm
gestr	...	gestrichen
gr	...	groß
kcal	...	Kilokalorien
kg	...	Kilogramm
kl	...	klein
Min	...	Minuten
ml	...	Milliliter
Msp	...	Messerspitze
Pck	...	Päckchen
Stck	...	Stück
TL	...	Teelöffel

So viel Text? Das schaffst du schon!
Ein paar wichtige Regeln für die Küche:

1

Mit dickem Schnupfen geht es nicht an den Herd! Bist du nicht gesund, tust du niemandem einen Gefallen, wenn du dich an den Herd stellst! Krankheitserreger können sonst viel zu schnell zu deinen Freunden herüber wandern. Und VORSICHT: Niemals auf das Essen husten oder niesen! Das gilt für jeden von uns und zwar immer!

2

Sind die Haare gebunden und habe ich noch Schmuck an? Überprüfe beides, bevor du anfängst zu kochen! Bei offenen Haaren ist die Gefahr groß, dass sie dir bald in der Suppe schwimmen. Das schmeckt nun wirklich nicht! Genauso lästig ist es, wenn sie dir ständig vor den Augen hängen.
Ringe, Armbänder und große Ketten oder Ohrringe solltest du ablegen, um dich nicht zu verletzen. Leider bleibt man beim Kochen damit schnell einmal hängen - das kann wehtun!

3

Küchenwerkzeuge und andere Utensilien zwischendurch heiß abwaschen! Wichtig sind v.a. Schneidebretter. Hier setzten sich gerne Bakterien in den Schnittrillen ab.
Also zwischendurch heiß abspülen!
Küchenhandtücher, Lappen und Schwämme sollten natürlich auch immer sauber sein und keine Wohlfühloase für unerwünschte Bakterien werden.

4

In der Küche ist Handarbeit, also auch Händewaschen gefragt! Bevor du anfängst zu kochen, wasch dir gründlich mit Seife die Hände. Auch zwischen den Fingern und die Handgelenke. Vergiss nicht, dir mit einer Nagelbürste die Fingernägel zu schrubben!
Wichtig ist auch, dass du dir die Hände zwischendurch wäschst. Mit Fingern voller Fisch solltest du dich nicht ans Gemüse begeben, da deine Finger glitschig sein könnten.

5

Danach heiß abwaschen!

VORSICHT: Tierisch Rohes steckt Salat an! Deshalb solltest du zwischendurch alle Materialien und deine Hände reinigen! An rohem Fisch oder Fleisch können sich Keime befinden, die du auf keinen Fall im Salat haben möchtest. Sie werden beim Braten zwar zerstört, aber da ein Salat roh verzehrt wird, gilt das für ihn nicht!

6

Haustiere haben in der Küche nichts zu suchen! Neben herumfliegenden Haaren können v.a. Katzen jede Menge gefährliche Keime in die Küche schleppen. Also verweigert euren liebsten Tieren hier besser den Zutritt.

7

Aufpassen! + Immer vom Körper weg schneiden!

Sobald das Messer in der Hand ist, muss stilgesessen werden! Im Umgang mit solch scharfen Geräten, wie einem Messer ist Vorsicht geboten und Konzentration gefragt. Also nimm dir bevor es losgeht einen Stuhl und setz dich bequem hin. Dann kann die Schnippelei beginnen!

8

KRALLENGRIFF!!! Der Krallengriff wird in jeder Küche verlangt. Er sorgt dafür, dass du dir nicht die Fingerkuppen abschneiden kannst! Denk bitte immer an ihn, sobald du ein Messer in die Hand nimmst. Vielleicht ist es am Anfang ein bisschen ungewohnt, aber er ist garantiert die sicherste Variante zu schneiden! Das Messer kann so nur oben deine Fingergelenke berühren, wo es nicht scharf ist.

9

Das Schneidebrett muss rutschfest sein! Hat dein Schneidebrett keinen Halt, kann es schnell zu Verletzungen kommen, da du natürlich auch leichter mit dem Messer abrutschen könntest! Oder das Brett fliegt dir geradewegs von der Arbeitsfläche auf den Fuß. Das wollen wir nicht! Also: Wenn es von allein nicht auf der Arbeitsfläche hält, sondern hin und her rutscht, dann nimm dir einfach einen Lappen dazu. Den Lappen musst du mit Wasser anfeuchten, auswringen und dann gerade auf der Arbeitsplatte ausbreiten. Darauf legst du das Schneidebrett und schon kann es dir nicht mehr weg rutschen!

10

Pflaster griffbereit! Vor einem kleinen Schnitt ist niemand gefeit. Das kann nun einmal passieren! Wenn es jedoch soweit ist, dann solltest du ein Pflaster sofort griffbereit haben. Denn weiter kochen mit offener Wunde ist verboten! WICHTIG: Nutze dafür wasserdichte Pflaster!

Geschafft! ☺

Wie decke ich

Die meisten Menschen gebrauchen am liebsten ihre rechte Hand, um zu schneiden und zu greifen. Sie sind Rechtshänder. Aus diesem einfachen Grund liegt das Messer immer auf der rechten Seite des Tellers und das Glas steht ebenso dort, nur weiter oben. Dafür liegt die Gabel links. So lässt es sich wunderbar mit beiden Werkzeugen in den Händen schneiden und essen.

den Tisch?

Kommt eine Vorspeise dazu, wie eine Suppe, dann brauchen wir mehr Werkzeuge: Suppenteller und Esslöffel. Während wir uns die Suppe schmecken lassen, brauchen wir nur die rechte Hand. Das bedeutet aber nicht, dass die Linke unter dem Tisch verschwinden darf. Um gerade sitzen zu können, bleibt sie neben dem Teller auf dem Tisch liegen. Das ist sehr wichtig für unseren Rücken! Der kleine Teelöffel für den Nachtisch wird immer oben quer mit dem Griff nach links gelegt. Bräuchtest du hier statt des Löffels eine kleine Gabel, müsste sie genau entgegengesetzt liegen: mit dem Griff nach rechts.

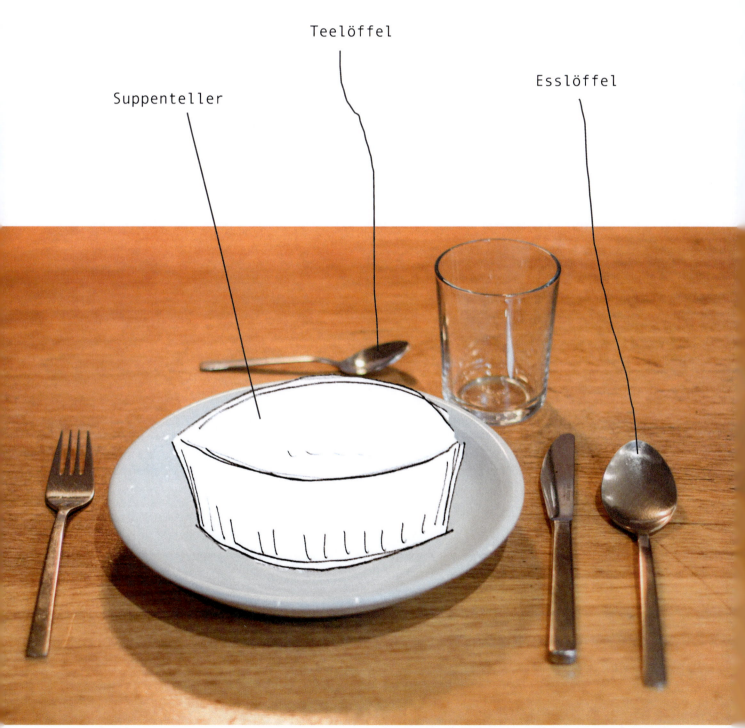

SCHÜRZE AN UND LOS GEHT'S!

Bärentaucher
Polenta-Obst-Auflauf

🍴 4 Portionen
🕐 50 Minuten

1 Portion

512 kcal
14 g Fett
70 g Kohlenhydrate
21 g Eiweiß
7 g Ballaststoffe

Zutaten für 4 Portionen

 Milch 3,5 % Fett **600 ml**

 Vanillezucker **1 Pck.**

 Polenta **150 g**

 Johannesbeeren **100 g**

 Birnen **2**

 Bananen **4**

 Quark **250 g**

 Eier **2**

 Butter **1 EL**

1. Fülle die Milch mit dem Vanillezucker in einen Topf und bring sie zum kochen. Rühre die Polenta langsam unter die kochende Milch und lass es 2 Min. weiter unter Rühren köcheln.

2. Nimm die Polenta vom Herd und lass sie quellen.

3. Wasche die Johannesbeeren und die Birnen unter fließendem Wasser ab.

4. Viertele die Birnen, entkerne und würfele sie.

5. Schäle die Bananen und schneide sie in Scheiben.

6. Gib das Obst mit der Polenta in eine Schüssel und vermische alles.

7. Heize den Backofen auf 160°C (Ober-/Unterhitze) vor.
Wenn die Polenta nicht mehr heiß ist, kannst du auch den Quark und die Eier darunter mischen.

8. Gib alles in eine Form, verteile die Butter auf dem Auflauf und backe alles für 30 Min. im Backofen. Verteile den Auflauf nach dem Backen auf die Teller. Bon appétit!

Hat nichts mit einer Ente aus Polen zu tun!

Polenta
Polenta wird aus Mais hergestellt.

Wie geht das?
Um unsere Polenta zu bekommen, wird Mais geschält und danach, wie unser Getreide für den Pizzateig, gemahlen. Das geht natürlich in verschiedenen Stufen. Das bedeutet, dass man den Mais grob oder auch fein mahlen kann, je nachdem, wie groß die Körnchen am Ende sein sollen.

Am liebsten wird Polenta zum Beispiel in Norditalien oder auch Spanien gegessen. Dort gehört der Maisgrieß zur traditionellen Küche.

Wo kommt Mais überhaupt her?
Ursprünglich kommt er aus Mexiko. Nun darfst du dreimal raten, wer ihn nach Europa gebracht hat! Natürlich! Das war Christoph Kolumbus!
Mais wächst also schon längst bei uns in Deutschland.

Lese und staune!
Der größte Teil des Maises, der auf unseren Feldern wächst, wird als Tierfutter verwendet; mindestens 4-mal so viel wie das, was wir selbst als Lebensmittel verspeisen. Dafür bringen uns die Tiere sehr viel Milch und Fleisch.

Übung: Zum Ausfüllen und kreativ sein!

Name: _____   Name: _____

Farbe: _____   Farbe: _____

Name: _____   Name: _____

Farbe: _____   Farbe: _____

Name: _____   Name: _____

Anzahl: _____   Anzahl: _____

Name: _____   Name: _____

Menge: _____   Anzahl: _____

Was würde ich an diesem Rezept „Bärentaucher" anders machen oder wo muss ich beim nächsten Kochen aufpassen?

_____

_____

_____

_____

_____

_____

Champion im Perlenparadies
Couscoussalat mit gefüllten Champignons

 4 Portionen
🕒 45 Minuten

1 Portion

512 kcal
20 g Fett
52 g Kohlenhydrate
26 g Eiweiß
7 g Ballaststoffe

Zutaten für 4 Portionen

Sultaninen	Gemüsebrühe	Couscous	Champignons braun	Frischkäse körnig	Jodsalz mit Fluorid
50 g	1 TL	150 g	12	400 g	½ TL

schwarzer Pfeffer	Kirschtomaten	Salatgurke	Kichererbsen	Zitrone	Olivenöl
½ TL	100 g	½	1 kl. Dose	½	2 EL

Saure Sahne

200 g

1. Weich die Sultaninen in einer Schüssel im Wasser ein.

2. Bring 300 ml Wasser mit der Gemüsebrühe in einem Kochtopf zum kochen. Stell die Herdplatte aus und gib den Couscous hinzu. Lass ihn mindestens 20 Min. quellen.

3. Putze die Champignons und breche den Stiel heraus.

4. Schneide die Stiele in kleine Stücke. Heize den Backofen auf 180 °C (Ober-/Unterhitze) vor.

5. Würze den körnigen Frischkäse in einem Schälchen mit Pfeffer und Salz, gib die geschnittenen Champignonstiele hinzu und befülle die Champignons damit.

6. Belege ein Backblech mit Backpapier, lege die Champignons darauf und lass sie auf mittlerer Schiene 20 Min. im vorgeheizten Backofen backen.

7. Wasche die Kirschtomaten und die Gurke unter fließendem Wasser ab.

8. Halbiere die Tomaten und entferne alle grünne Stellen. Halbiere die Gurke längs und schneide kleine Viertel daraus.

9. Wasch die Petersilie unter fließendem Wasser und hacke sie mit einer Kräuterwiege fein.

10. Gib die abgegossenen Kichererbsen mit Tomaten, Gurken und Petersilie in eine Schüssel. Gib die abgegossenen Sultaninen und den abgekühlten Couscous hinzu.

11. Press die Zitrone aus, misch den Saft mit dem Olivenöl und gib die Soße den zum Couscoussalat. Tipp: Ein bisschen Kichererbsensud dazu. Serviere den Salat zusammen mit den gefüllten Champignons!

Sultaninen, Rosinen, Korinthen ... Das ist ja für Korinthenkacker!

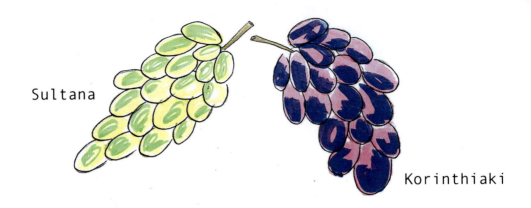

Sultana

Korinthiaki

Sultanine — hell, süß

Korinthe — klein, dunkel, kräftig

Rosinen
sind getrocknete Weintrauben.
Davon gibt es verschiedene Arten, da es verschiedene Traubensorten gibt – man nennt sie Rebsorten.
„Rosine" ist also der Oberbegriff für alle getrockneten Rebsorten!

Die verschiedenen Rosinenarten sind Smyrna-Rosinen, Sultaninen, Korinthen und Zibeben. Die wichtigsten werde ich euch kurz erklären:

→ **Sultaninen** sind aus hellen, kernlosen, dünnhäutigen und besonders süßen Weintrauben getrocknet. Sie haben eine helle, goldgelbe Farbe. Die Rebsorte der Weintraube heißt **Sultana**.

→ **Korinthen** sind meist aus kernlosen, aber dunklen Weintrauben getrocknet. Sie haben einen kräftigen Geschmack und eine schwarzbraune bis schwarzblaue Farbe. Die Rebsorte der Weintraube heißt **Korinthiaki**.
Korinth ist übrigens auch eine griechische Hafenstadt!

Übung: Zum Ausfüllen und kreativ sein!

Name: _____

Farbe: _____

Name: _____

Anzahl: _____

Name: _____

Farbe: _____

Name: _____

Farbe: _____

Name: _____

Anzahl: _____

Name: _____

Anzahl: _____

Name: _____

Anzahl: _____

Name: _____

Farbe: _____

Was würde ich an diesem Rezept „Champion im Perlenparadies" anders machen oder wo muss ich beim nächsten Kochen aufpassen?

_____
_____
_____
_____
_____
_____
_____

Dreierlei Leckerei
Kartoffelpizza mit Mus und Aprikosen-Feldsalat

 4 Portionen
50 Minuten

1 Portion

510 kcal
20 g Fett
54 g Kohlenhydrate
22 g Eiweiß
9 g Ballaststoffe

Zutaten für 4 Portionen

Äpfel mittelgroß	Zitrone	Zimtstange	Jodsalz mit Fluorid	Kartoffeln vorw. Fest	Karotten
4	1	1	1 Prise	800 g	200 g

Haferflocken Zart	Zwiebel	Eier	Jodsalz mit Flourid	Feldsalat	Roquefort
3 EL	1	4	1 TL	150 g	100 g

Aprikosen soft	Naturjoghurt 3,5 % Fett	Orangensaft	Mandel Blättchen	Pfeffer
50 g	100 g	2 EL	6 EL	½ TL

Wasche die Äpfel unter fließendem Wasser ab. Viertele sie und schneide den Kern heraus. Schneide sie in dünne Scheiben. **1**

Halbiere die Zitronen. Presse den Saft heraus. **2**

Gib Äpfel, Zitronensaft, Zimtstange und wenig Wasser in einen Topf. Koche alles einmal auf. Lass es danach 20 Minuten bei kleiner Hitze weich dünsten. **3**

Befreie groben Dreck von den Kartoffeln. Schäle sie mit dem Sparschäler und spüle sie unter fließendem Wasser ab. **4**

Trockne die Kartoffeln mit einem sauberen Tuch ab.
Rasple sie mit der Haushaltsreibe fein. VORSICHT mit deinen Fingern! **5**

Lege die Masse in ein sauberes Geschirrtuch und drücke den Saft heraus. **6**

Schäle und hacke die Zwiebel mit einem Messer in dünne Scheiben. Heize den Backofen auf 180 °C (Umluft) vor. **7**

Wasche die Karotten ab und rasple sie mit der Küchenreibe fein.
TIPP: Entferne NICHT das grüne Ende, dann kannst du beim Raspeln besser festhalten! **8**

Vermenge Kartoffeln, Zwiebeln, Karotten, Haferflocken und Salz in einer Schüssel. Schlage Eier dazu (Eier aufschlagen S. 32). Verteile die Mischung auf einem Blech. **9**

Schneide die Aprikosen in dünne Scheiben. Vermenge sie mit Joghurt, Orangensaft, Salz und Pfeffer. Wasche den Salat und lass ihn abtropfen. Schneide den Roquefort. Gib ihn über den Salat. **10**

Serviere die knusprig gebackene Kartoffelpizza mit dem Apfelmus und dem Aprikosen-Feldsalat. Bon appétit! **11**

Wusstest du, dass Orangensaft die Aufnahme von Eisen in unsere Körperzellen 4-fach steigern kann?

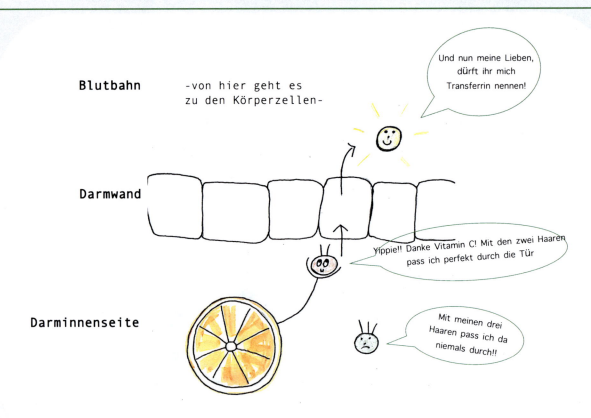

Na und?
Das ist so wichtig, weil Eisen für uns lebensnotwendig ist. Wir MÜSSEN es also über unsere Nahrung aufnehmen.

Eine wichtige Aufgabe des Eisens ist zum Beispiel, den Sauerstoff, den wir Tag und Nacht mit der Luft einatmen, in unsere Körperzellen zu transportieren. Und ohne Sauerstoff könnten wir nicht leben.

Und was hat die Orange damit zu tun?
Im Orangensaft ist viel Vitamin C. Es wandert mit dem Essen über Mund, Speiseröhre, Magen und landet schließlich im Darm. Dort kann es dem Eisen aus der Nahrung helfen, zu den Körperzellen zu eilen, damit es seine Aufgaben erfüllen kann.

Wie soll das gehen?
Kommt das Eisen von einer Pflanze, wie den Haferflocken aus unserem Rezept, ist es sehr schwer beladen. Unser Eisen hat 3 schwere Haare auf dem Kopf. Das schlaue Vitamin C schafft es aber, dem Eisen ein ganzes Haar rauszureißen. Dann hat es nur noch 2 und passt perfekt durch die schmalen Türen der Darmwand. Jetzt kann unser Eisen alle seine wichtigen Aufgaben im Körper erfüllen. Dafür bekommt es sogar einen anderen Namen:
Transferrin.

Übung: Zum Ausfüllen und kreativ sein!

Name: _____
Anzahl: _____

Name: _____
Anzahl: _____

Name: _____
Anzahl: _____

Name: _____
Anzahl: _____

Name: _____
Farbe: _____

Name: _____
Anzahl: _____

Name: _____
Anzahl: _____

Name: _____
Farbe: _____

Was würde ich an diesem Rezept „Dreierlei Leckerei" anders machen oder wo muss ich beim nächsten Kochen aufpassen?

_____

_____

_____

_____

_____

_____

Einäugiger Schmausereis
Reis mit roter Bohnensoße, Spiegelei und Banane

 4 Portionen
45 Minuten

1 Portion

502 kcal
19 g Fett
57 g Kohlenhydrate
22 g Eiweiß
7 g Ballaststoffe

Zutaten für 4 Portionen

Tomaten
600 g

Zwiebel
1

Knoblauchzehen
1

Parmesan
80 g

Tomatenmark
3 EL

getrockneter Basilikum
1 EL

Rapsöl
2 EL

Pfeffer
½ TL

Kidneybohnen
1 Dose (400 g)

Naturreis
180 g

Jodsalz mit Fluorid
½ TL

Bananen
2

Eier
4

 Wasche die Tomaten unter fließendem Wasser ab. Entferne den Strunk und alle grünen Stellen.

1

 Schäle Zwiebel und Knoblauch.

2

 Schneide das Gemüse in grobe, den Parmesan in kleine Stücke. Püriere alles zusammen mit dem Pürierstab in einem hohen, schmalen Gefäß.

3

 Fülle den Reis mit doppelter Menge Wasser und Salz in einen Kochtopf. Lass ihn 30 Min. bei mittlerer Hitze köcheln.

4

 Gib Püree, Tomatenmark, Basilikum, 1 EL Öl, Pfeffer und Kidneybohnen in einen Topf. Lass es 15 Min. köcheln. Heize den Backofen auf 180 °C (Ober-/Unterhitze) vor.

5

 Schäle und halbiere die Bananen längs. Lege sie mit der geschnittenen Seite nach unten auf das Backblech. Bestreiche sie mit ½ EL Öl. Backe sie 15 Min. auf mittlerer Schiene im Backofen.

6

Wie schlage ich ein Ei auf?

Schlage das Ei am Rand einer harten Kante an.
Breche es mit dem Daumen an der Bruchstelle auf.

1

Lass das Ei in eine Schale gleiten. Pass auf, dass dir dabei das Eigelb nicht kaputt geht!

2   3

 Erhitze ½ EL Öl. Lass die Eier in das Öl gleiten, wenn es heiß ist. Stell die Temperatur klein. Nimm die Pfanne vom Herd, wenn das Eiweiß weiß ist. Nutze den Pfannenwender zum herausholen.

7

 Serviere den Reis mit der Soße, darüber das Ei und die Banane. Lasst es euch schmecken!

8

Warum werden Spiegeleier so schnell braun am Rand?

Ab 170 Grad
macht's die Pfanne uns nur mad!

Das liegt an einer chemischen Reaktion:
Maillard-Reaktion!

Was ist das? Eine Reaktion, die ab einer Temperatur von 170 °C eintritt und Lebensmittel braun werden lässt.

Ist das schlimm? Wenn du beim Braten darauf achtest, dass dein Essen nicht zu viele braune Stellen bekommt, ist es gar kein Problem. Aber merke: Schwarz geht gar nicht!!
Deshalb ist es wichtig, die Temperatur für die Spiegeleier wieder klein zu stellen, nachdem du das Öl erhitzt hast.

Je heißer die Pfanne, desto schneller wird das Essen dunkel!
Und dann können giftige Stoffe entstehen, wie zum Beispiel
Acrylamid.

Aber keine Sorge, du musst jetzt nicht immer alle braunen Stellen entfernen.
Wenig davon kann der Körper sehr gut verkraften!

Übrigens: Für krosse, braune Pommes gilt das Gleiche! Sie kommen aus der Fritteuse, also aus kochend heißem Fett!
Ohoh... !!!
Das ist nämlich überhaupt nicht mehr okay!

Übung: Zum Ausfüllen und kreativ sein!

Name: _____
Anzahl: _____

Name: _____
Anzahl: _____

Name: _____
Anzahl: _____

Name: _____
Farbe: _____

Name: _____
Anzahl: _____

Name: _____
Farbe: _____

Name: _____
Farbe: _____

Name: _____
Menge: _____

Was würde ich an diesem Rezept „Einäugiger Schmausereis" anders machen oder wo muss ich beim nächsten Kochen aufpassen?

Pizza Kohlori

Vollkornpizza mit Wirsing und Roter Beete

 4 Portionen
1.20 h

1 Portion

491 kcal
19 g Fett
50 g Kohlenhydrate
24 g Eiweiß
11 g Ballaststoffe

Zutaten für 4 Portionen

Weizenmehl Vollkorn	Trockenhefe	Olivenöl	Vollmilch	Jodsalz mit Fluorid	Zucker
300 g	**½ Pck.**	**1 EL**	**1 EL**	**2 TL**	**1 TL**

Wirsingkohl	Rote Beete Knolle	Kümmel gemahlen	Edamer
½	**1**	**1 Msp.**	**200 g**

Mische die Trockenhefe mit dem Vollkornmehl in einer Schüssel.

1

Gib das Olivenöl, die Milch, 1 TL Salz, Zucker und 200 ml handwarmes Wasser hinzu und knete die Masse mit den Händen durch.

2

Forme eine Kugel und lass den Teig mind. 30 Min. an einem warmen Ort gehen. Bereite in der Zeit den Pizzabelag vor.

3

Entferne und entsorge die äußersten Blätter des Wirsings. Schneide die Hälfte des Kopfes in ca. 2 cm breite Scheiben.

4

Setze einen Topf Wasser mit 1 TL Salz auf und bring es zum kochen. Blanchiere die Wirsingblätter für 3 Min. in dem kochenden Wasser. Hol die Blätter dann mit einem Schaumsieb heraus.

5

Schäle die Rote Beete und schneide sie in schmale Scheibchen. Zieh dafür am besten Handschuhe an, sonst gibt es rote Finger!

6

Gib Wirsing und Rote Beete in eine Schale und misch den Kümmel darunter.

7

Lege ein Blech mit Backpapier aus und rolle den Teig darauf mit einem Nudelholz aus (geht auch mit einem runden Glas). Erhöhe den Rand ein wenig, damit der Belag später nicht herunter rollt.

8

Heize den Backofen auf 200 °C (Ober/Unterhitze) vor. Reibe den Käse mit der Küchenreibe. Verteile das Gemüse auf dem Teig und streue den Käse darüber.

9

Lass die Pizza auf unterster Schiene 40 Min. backen. Teile sie dann in 4 große Stücke und lasst es euch ordentlich schmecken!

10

E162

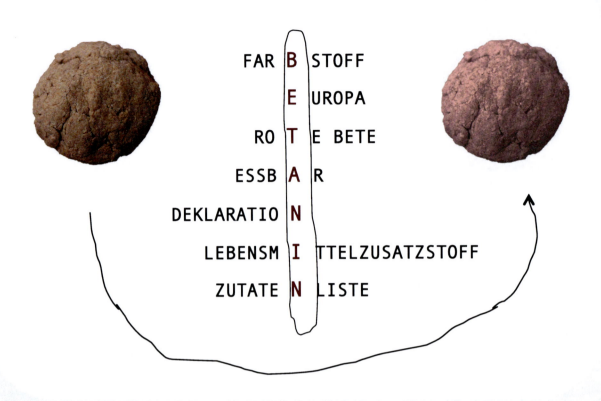

E162 = Betanin

Schön! Und was soll das sein?
Dazu eine Gegenfrage:
Was ist das Besondere an der Roten Beete?
Genau richtig! Die knallig rot-violette Farbe!

Diese Farbe wird gern genutzt, um andere Lebensmittel zu färben. Nudeln werden plötzlich rosa, dein Pizzateig verwandelt sich in eine pinke Frisbee und beißt sich mit der roten Tomatensoße und Frischkäse bekommt wundersamer weise die Farbe deiner Salami. Verrückt!

Wenn du das einmal selbst ausprobieren möchtest, dann benutze in diesem Rezept das nächste mal statt Wasser Rote-Bete-Saft für den Teig und der Farbenspaß beginnt!

Kleine Hintergründe:
- Betanin ist einer von über 300 zugelassenen Zusatzstoffen für Lebensmittel!
- Das E steht für Europa oder auch für essbar, weil man ihn natürlich ohne Gefahr essen können muss, um ihn für Lebensmittel verwenden zu dürfen.
- Er muss immer in der Zutatenliste erwähnt werden. Das nennt man Deklaration.

Übung: Zum Ausfüllen und kreativ sein!

Name: _____
Farbe: _____

Name: _____
Menge: _____

Name: _____
Farbe: _____

Name: _____
Menge: _____

Name: _____
Farbe: _____

Name: _____
Menge: _____

Name: _____
Menge: _____

Was würde ich an diesem Rezept „Pizza Kohlori" anders machen oder wo muss ich beim nächsten Kochen aufpassen?

_____

_____

_____

_____

_____

GrüLiRollen mit Knack
Kohlrollen mit Grünkern, Erbsen und Granatapfel

 4 Portionen
🕐 55 Minuten

1 Portion

495 kcal
15 g Fett
59 g Kohlenhydrate
22 g Eiweiß
14 g Ballaststoffe

Zutaten für 4 Portionen

Granatapfel	Grünkern	Jodsalz mit Fluorid	Rot-/Grünkohl Blätter	Erbsen TK	Zwiebel
1	200 g	1 TL	8	400 g	1

Mozzarella	Pinienkerne	Bohnenkraut
125 g	50 g	2 TL

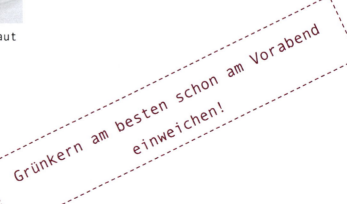

Grünkern am besten schon am Vorabend einweichen!

 Schneide den Granatapfel in der Mitte durch, fülle eine Schüssel mit Wasser und pule unter Wasser die Kerne aus dem Granatapfel heraus.

 Gieße die Granatapfelkerne durch ein Sieb in der Spüle ab und bewahre sie abgedeckt in einer Schüssel auf.

 Den Grünkern am Vorabend in doppelter Menge Wasser einweichen, in der selben Flüssigkeit mit dem Salz ca. 15 Min. köcheln. Ohne Einweichen aufkochen und dann 25 Min. köcheln.

 Entferne in der Zeit die äußeren Blätter des Rotkohls. Schäle 8 weitere Blätter mit den Händen vom Kohlkopf ab.

 Setze einen Topf Wasser auf, bring es zum kochen und blanchiere die 8 Rotkohlblätter für 3 Min. in dem Wasser. Hole sie dann mit einem Schaumsieb heraus.

 Gib die gefrorenen Erbsen in dasselbe Wasser und lass sie für 3 Minuten köcheln. Hole sie danach mit einem Schaumsieb heraus.

 Schäle die Zwiebel und hacke sie in feine Stücke. Gib sie mit dem Bohnenkraut zum fertig gequollenen Grünkern und dünste alles bei schwacher Temperatur weiter.

 Schneide den Mozzarella in grobe Stücke. Gib ihn mit den Erbsen und Pinienkernen in ein hohes Gefäß. Püriere alles mit dem Pürierstab fein.

 Vermenge die Erbsen-Mozzarella-Paste mit dem Grünkern sodass eine Masse entsteht. Stell die Herdplatte aus.

 Verteile die Masse in den 8 Kohlblättern. Verschließe sie mit Zahnstochern. Falls sie nicht warm genug sind, gib sie nochmal bei 180°C (Ober-/Unterhitze) für 10 Min. in den vorgeheizten Backofen.

 Serviere die Grünkernkohlrouladen mit den Granatapfelkernen als Topping und lasst es euch schmecken!

Rotkohl bringt Licht ins Dunkel!

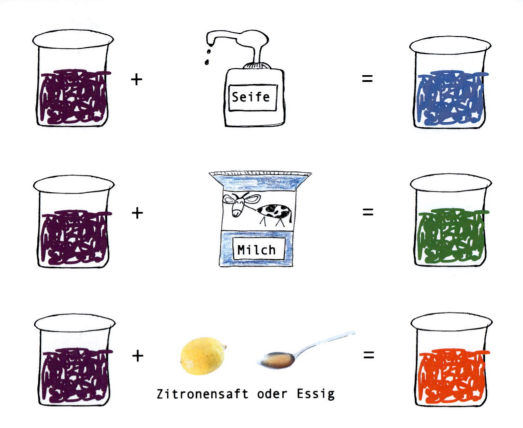

Ein Experiment? Wie funktioniert es?
Ganz einfach, ABER nicht ohne Schürze! Dafür ist zu viel Farbe im Spiel! Schneide den halben übrig gebliebenen Rotkohl und koche ihn in ½ Liter Wasser, bis es sich lila färbt. Lass alles abkühlen und hole den Kohl heraus. Gieße die gefärbte Flüssigkeit in durchsichtige Gläschen und beobachte, was passiert, wenn du Seife, Milch, Essig oder Zitronensaft hinzu gibst.

Was ist so besonders an Rotkohlsud?
Er ist ein Indikator! Das ist ein Stoff, in diesem Falle der Farbstoff des Rotkohls, der anzeigt, ob eine Reaktion passiert. Und was könnte hier passieren? Genau! Die Farbe des Rotkohlsaftes ändert sich!

Wie kann das passieren?
Aus lila und weiß soll grün werden? Aus lila und gelb kommt rot heraus? Da stimmt etwas nicht... Keine Sorge, wir reden hier nicht von Farbenlehre, sondern von Chemie!
Es geht um den pH-Wert, der uns sagt wie sauer oder basisch (das Gegenteil von sauer) etwas ist.
Die Zitrone ist sauer, genau wie Essig, und sauer färbt den Indikator immer rot. Genauso färbt sich Neutrales (zwischen sauer und basisch), wie die Milch, immer grün. Seife ist basisch und das ist immer blau.

Übung: Zum Ausfüllen und kreativ sein!

Name: _____

Anzahl: _____

Name: _____

Farbe: _____

Name: _____

Menge: _____

Name: _____

Farbe: _____

Name: _____

Anzahl: _____

Name: _____

Farbe: _____

Name: _____

Anzahl: _____

Name: _____

Farbe: _____

Was würde ich an diesem Rezept „GrüLiRollen mit Knack" anders machen oder wo muss ich beim nächsten Kochen aufpassen?

_____

_____

_____

_____

_____

_____

_____

Krafti
Haferflocken-Früchte-Müsli für heiße Tage

 4 Portionen
 15 Minuten

1 Portion

462 kcal
18 g Fett
50 g Kohlenhydrate
19 g Eiweiß
8 g Ballaststoffe

Zutaten für 4 Portionen

Haferflocken	Feigen getrocknet	Quark 20 % Fett	Bananen	Äpfel	Erdbeeren
12 EL (120 g)	2	300 g	2	2	300 g

Walnüsse	Cashewnüsse
40 g	40 g

Schneide die Feigen in kleine Stücke

1

Gib Haferflocken und Feigen in eine Schale. Fülle sie mit Wasser auf, sodass alles gerade bedeckt ist. Lass alles einweichen.

2

Schäle die Bananen.
Zerdrücke sie mit einer Gabel zu einer gleichmäßigen Masse.

3

Rühre Bananen und Quark unter die einweichenden Haferflocken.

4

Wasche Äpfel und Erdbeeren unter fließendem Wasser ab.

5

Viertele den Apfel und schneide das Kerngehäuse heraus.
Reibe die Apfelviertel an der feinen Seite der Küchenreibe.

6

Hebe die geriebenen Äpfel unter die Haferflockenmasse.

7

Entferne das Grün der Erdbeeren. Schneide sie in Viertel und garniere die Flockenschale damit. Gib auch Walnüsse und Cashewkerne dazu. Verteile das Müsli auf 4!

8

Hafer ist eine Energiebombe!

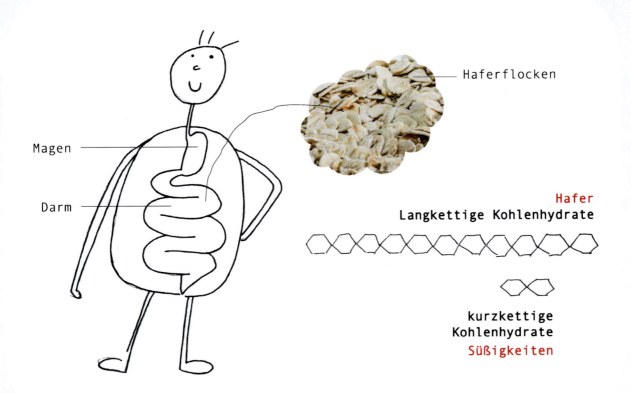

Hafer ist die perfekte Mischung aus Kohlenhydraten und Ballaststoffen, die lange satt macht!

Warum?

Ballaststoffe sind die Bestandteile der Nahrung, die wir nicht verdauen können. Stattdessen quellen sie mit der Flüssigkeit aus dem Darm auf und brauchen viel Platz.
Das macht satt!

Die **Kohlenhydrate** im Hafer sorgen für ordentlich Energie! Sie bestehen aus Zuckerketten, die sehr lang sind. Es kann also einige Zeit dauern, bis diese in ihre einzelnen Bausteine zerlegt wurden.
Das gute daran ist, dass der Körper dadurch über einen langen Zeitraum hinweg konstant Zucker bekommt, da regelmäßig ein abgetrennter Baustein als Energie genutzt werden kann.

Aufpassen!

Das ganze Gegenteil machen die Kohlenhydrate aus Süßigkeiten! Sie haben nur sehr kurze Zuckerketten, die im nu zerlegt werden können. Dafür aber ganz ganz viele davon.
Unser Körper bekommt also für zu kurze Zeit viel zu viel Energie auf einmal.
Das macht uns hibbelig und unruhig!

Übung: Zum Ausfüllen und kreativ sein!

Name: _____

Farbe: _____

Name: _____

Farbe: _____

Name: _____

Anzahl: _____

Name: _____

Farbe: _____

Name: _____

Anzahl: _____

Name: _____

Farbe: _____

Name: _____

Farbe: _____

Name: _____

Anzahl: _____

Was würde ich an diesem Rezept „Krafti" anders machen oder wo muss ich bei der nächsten Zubereitung aufpassen?

Kunterbunter
Zucchinispaghetti mit Linsen und Pumpernickel

🍴 4 Portionen
🕒 65 Minuten

1 Portion

527 kcal
19 g Fett
56 g Kohlenhydrate
25 g Eiweiß
15 g Ballaststoffe

Zutaten für 4 Portionen

 Tomaten — 500 g

 Paprikaschoten rot — 3

 Knoblauchzehen — 1

 Rapsöl — 1 EL

 Paprikapulver — 1 EL

 Erdnüsse gesalzen — 50 g

 Thymian Getrocknet — 1 EL

 Pfeffer — ½ TL

 Linsen rot — 200 g

 Frischkäse — 100 g

 Zucchini klein — 4

 Pumpernickel — 100 g

 Honig flüssig — 3 EL

 Wasche Tomaten und Paprikaschoten gründlich unter fließendem Wasser ab.

1

 Schneide die Paprika in zwei Hälften. Entferne Strunk und Kerne. Hacke sie in kleine Stücke.

2

 Entferne die grünen Stellen der Tomaten und schneide sie in Stücke.

3

 Schäle und viertele die Knoblauchzehe.

4

 Erhitze Öl und Paprikapulver in einem Topf. Gib Tomaten, Paprika, Knoblauch, Erdnüsse, Thymian, 1 EL Honig und Pfeffer hinzu. Lass es bei kleiner Hitze 15 Min. schmoren

5

 Püriere alles mit dem Pürierstab fein.
Wenn es im Topf zu sehr spritzt, dann fülle zum pürieren alles in ein hohes, schmales Gefäß.

6

 Gib die Linsen, Frischkäse und ca. 200 ml Wasser hinzu. Lass es weitere 15 Min. köcheln.

7

 Wasche in der Zwischenzeit die Zucchini gründlich ab. Schneide sie mit dem Spiralschneider (geht auch mit dem Sparschäler) in Spaghetti.

8

 Zerbrösle den Pumpernickel mit der Hand in eine Pfanne. Röste ihn mit 2 EL Honig an.

9

 Serviere die Zucchininudeln mit der Tomatensoße und bestreue sie mit dem gerösteten Honig-Pumpernickel.

10

Was ist überhaupt Pumpernickel?

... BACKE BACKE PUMPERNICKEL ...

Pumpernickel ist ein Vollkornbrot, was hauptsächlich aus dem Getreide Roggen besteht.

Roggen + Wasser + Salz = Pumpernickel

Und was ist daran so besonders?
Ganz besonders an diesem dunklen Brot ist, dass es sehr lange Zeit gebacken werden muss, um sich Pumpernickel nennen zu dürfen.
Mindestens 16 Stunden, das ist Vorschrift!

Komisches Brot!
Eigentlich dürfte Pumpernickel gar nicht als Brot bezeichnet werden, denn es bildet beim Backen keine Kruste und zu einem richtigen Brot gehört auch eine richtige Kruste!

Wieso hat es keine Kruste?
Das liegt vor allem daran, dass Pumpernickel bei ganz niedriger Temperatur gebacken wird.
Stell dir vor, wenn wir uns mit zu heißem Wasser die Hände waschen. Dann reagiert die Haut extrem und wird ganz schnell rot. So ungefähr reagiert Brot und bildet außen eine Kruste.
Bei lauwarmem Wasser verteilt sich die Wärme schön gleichmäßig und die Haut muss keine Reaktion zeigen. So braucht Pumpernickel eben keine Kruste bilden.

Übung: Zum Ausfüllen und kreativ sein!

Name: _____

Farbe: _____

Name: _____

Farbe: _____

Name: _____

Anzahl: _____

Name: _____

Farbe: _____

Name: _____

Anzahl: _____

Name: _____

Farbe: _____

Name: _____

Anzahl: _____

Name: _____

Farbe: _____

Was würde ich an diesem Rezept „Kunterbunter" anders machen oder wo muss ich beim nächsten Kochen aufpassen?

Hokkaidoboote

Hokkaidokürbis mit Hirse und Apfelsine

🍴 4 Portionen
🕒 45 Minuten

1 Portion

518 kcal
23 g Fett
55 g Kohlenhydrate
18 g Eiweiß
9 g Ballaststoffe

Zutaten für 4 Portionen

Hokkaidokürbis klein
1

Zitrone
1

Kardamom gerieben
½ TL

Rapsöl
1 EL

Kokosmilch
150 ml

Kokosdrink oder Wasser
250 ml

Hirse
200 g

Orangen groß
2

Petersilie
1 Bund

Ziegenkäse weich
100 g

Kürbiskerne
4 EL

1. Wasche den Kürbis gründlich unter fließendem Wasser ab.

2. Lass den Kürbis von einem Erwachsenen vierteln. Entferne Kerne und Fruchtfleisch.

3. Heize den Backofen auf 200 °C (Ober-/Unterhitze) vor. Halbiere und presse die Zitrone und eine Orange aus.

4. Gieße den Saft in eine Schüssel und gib Kardamom und Rapsöl hinzu.

5. Lege ein Blech mit Backpapier aus. Lege die Kürbisstücke darauf und bestreiche sie mit der Saftmarinade. Lass den Kürbis im Backofen ca. 30 Min. rösten.

6. Erhitze Kokosmilch und Kokosdrink in einem Topf. Spül die Hirse in einem Sieb unter heißem Wasser ab und gib sie der Kokosmilch hinzu. Lass sie 20 Min. köcheln.

7. Schäle in der Zeit die andere Orange und schneide sie in kleine Stücke.

8. Wasche und hacke die Petersilie. Gib sie der restlichen Saftmarinade hinzu. Rühre die Marinade unter die Hirse und lass sie weitere 5 Min. quellen.

9. Schneide den Ziegenkäse in kleine Stücke und rühre ihn unter die Hirse bis er zerläuft.

10. Serviere die Kürbisviertel, fülle sie mit der Hirsemischung und bestreue die 4 Boote mit den Orangenstücken und jeweils 1 EL Kürbiskernen. Guten Appetit!

Kürbiskerne selbst trocknen!

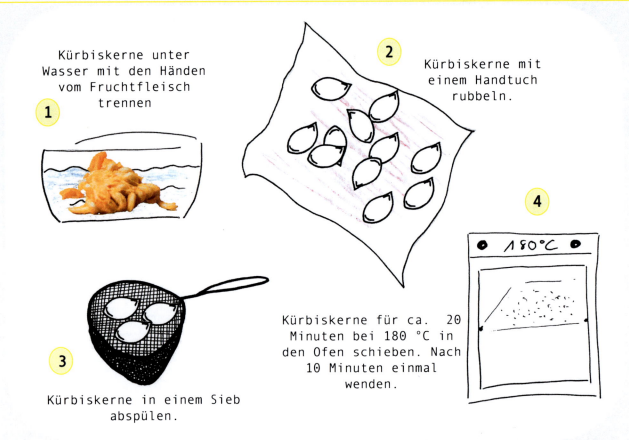

1. Kürbiskerne unter Wasser mit den Händen vom Fruchtfleisch trennen
2. Kürbiskerne mit einem Handtuch rubbeln.
3. Kürbiskerne in einem Sieb abspülen.
4. Kürbiskerne für ca. 20 Minuten bei 180 °C in den Ofen schieben. Nach 10 Minuten einmal wenden.

Wie gut, dass du gerade mit einem Kürbis gekocht hast, der dir nun ganz viele Kerne bescheren kann.

Noch dazu ist der Hokkaido ein Kürbis, der ganz besonders viele Kerne hat. Es lohnt sich also richtig, mal einen ordentlichen Schwung Kürbiskerne selbst zu trocknen!

Was mach ich, wenn sie fertig gebacken sind?

Dann kannst du den Backofen ausstellen und die Kürbiskerne abkühlen lassen. Wenn sie dir kühl genug sind, knackst du sie ganz einfach auf.
Et voilá... die Kürbiskerne sind bereit für den Verzehr!

Kann ich die Kürbiskerne denn aufbewahren?

Gar kein Problem!
Wenn sie fertig abgekühlt sind und damit keine Feuchtigkeit mehr verlieren, kannst du sie einfach in eine trockene Dose füllen und sie in einem kühlen Raum sehr gut aufbewahren.

Übung: Zum Ausfüllen und kreativ sein!

Name: _____

Anzahl: _____

Name: _____

Anzahl: _____

Name: _____

Anzahl: _____

Name: _____

Farbe: _____

Name: _____

Menge: _____

Name: _____

Menge: _____

Name: _____

Menge: _____

Name: _____

Farbe: _____

Was würde ich an diesem Rezept „Hokkaidoboote" anders machen oder wo muss ich beim nächsten Kochen aufpassen?

Apfel-Peter-Muffins
Muffins mit Apfelsaft, Lachs und Melonensalat

 4 Portionen
🕒 40 Minuten

1 Portion

471 kcal
19 g Fett
53 g Kohlenhydrate
20 g Eiweiß
2 g Ballaststoffe

Zutaten für 4 Portionen

Apfelsaft
800 ml

Polenta
200 g

Räucherlachs
320 g

Butter
1 EL

Eisbergsalat
½ Kopf

Honigmelone
1

Naturjoghurt
3,5 % Fett
100 g

Zitronensaft
1 EL

Dill
frisch
1 EL

 Bring den Apfelsaft in einen Topf zum kochen. Rühre die Polenta langsam unter den kochenden Saft und lass sie dann außerhalb des Herdes weiter quellen.

  Schneide den Lachs in kleine Stücke und rühre ihn und die Butter unter die Polenta.
Heize den Backofen auf 160°C (Ober-/Unterhitze) vor.

 Verteile die Polenta in 12 Muffinförmchen (wenn die Zeit knapp ist, verteile die Masse einfach auf einem gefetteten Blech). Back sie 20 Min. im Ofen.

  Bereite in der Zeit den Salat vor. Entferne die äußeren Blätter. Zerrupfe den restlichen Salat in mundgerechte Stücke und gib ihn in eine Salatschale.

  Halbiere die Melone und entkerne sie.

  Viertele die Melone und entferne die Schale. Schneide die Melone in kleine Stücke und gib sie zum Salat.

 Wasche den Dill unter fließendem Wasser ab. Hacke ihn für die Salatsoße mit der Kräuterwiege in kleine Stücke.

 Rühre die Salatsoße mit Joghurt, Zitronensaft, Dill, Pfeffer und Salz in einer kleinen Schale an. Gib alles über den Salat.

 Nun sollten die Lachs-Polenta-Muffins fertig gebacken sein.

 Serviere Salat und Polenta-Muffins zusammen.
Guten Appetit!

Wie Schmiere für mein Fahrrad!

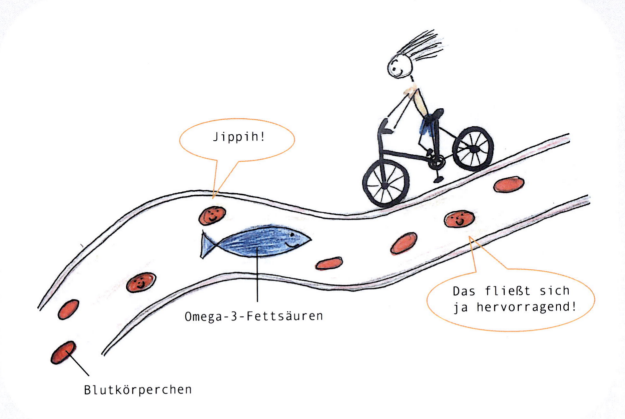

Was?
Fisch, wie der Lachs in unseren Muffins.

Dieser besondere Fisch enthält ganz besondere Stoffe:

Omega-3-Fettsäuren

Sie helfen unserem Blut, dass es ganz geschmeidig und ohne Hindernisse durch unsere Blutgefäße fließen kann. Genauso geschmeidig, wie du nach dem Fetten deiner Fahrradkette in die Pedale treten kannst.

So rosten weder Fahrradkette noch unsere Blutgefäße.

Aber weshalb sollte es Hindernisse in unseren Blutgefäßen geben?

Das könnte durch ungesunde Ernährung passieren.
Dann lagern sich verschiedene Stoffe an den Wänden unserer Blutgefäße ab und verengen die Fließbahn des Blutes. Das kann sehr bedrohlich für unsere Gesundheit sein.

Aber keine Sorge:
Mit Fisch auf dem Teller wird die Fließbahn gleich heller!

Übung: Zum Ausfüllen und kreativ sein!

Name:	Name:
Farbe:	Menge:

Name:	Name:
Menge:	Farbe:

Name:	Name:
Anzahl:	Farbe:

Name:	Name:
Anzahl:	Menge:

Was würde ich an diesem Rezept „Apfel-Peter-Muffins" anders machen oder wo muss ich beim nächsten Kochen aufpassen?

Linsige Freude
Linseneintopf mit Nüssen und Pflaumen

🍴 4 Portionen
🕐 45 Minuten

1 Portion

530 kcal
22 g Fett
53 g Kohlenhydrate
21 g Eiweiß
15 g Ballaststoffe

Zutaten für 4 Portionen

Süßkartoffeln	Karotten	Sellerie Stangen	Lauch	Rapsöl	Haselnüsse
200 g	200 g	3	150 g	2 EL	60 g

Pflaumen getrocknet	Tellerlinsen	Schmand	Gemüsebrühe	Kreuzkümmel gemahlen	Majoran getrocknet
50 g	250 g	80 g	2 EL	1 Msp.	2 TL

Schäle die Süßkartoffel mit dem Sparschäler.

1

Wasche Karotten, Sellerie und Lauch unter fließendem Wasser gründlich ab.

2

Schneide Kartoffeln und Karotten in kleine Würfel,

3

Schneide Sellerie und Lauch in schmale Scheiben.

4

Erhitze das Öl in einem großen Topf und dünste das Gemüse mit den Haselnüssen darin an.

5

Schneide die getrockneten Pflaumen in kleine Würfel.

6

Gib Pflaumen, Süßkartoffeln, Linsen, Kreuzkümmel, Majoran und 1 Liter Wasser mit der Gemüsebrühe dem Topf hinzu. Koch es auf und lass es ca. 25 Min. köcheln.

7

Serviere die 4 Teller Linsensuppe mit jeweils einem Löffel Schmand. Wenn du möchtest, kannst du das Selleriegrün zusätzlich zum garnieren nutzen. Guten Appetit!

8

Die echten Alleskönner!

Wer?
Sie erweisen uns schon lange besonders gute Dienste und werden seit mehreren tausend Jahren auf den Feldern unserer Welt angebaut.
Die Linsen!

Sie sind nicht nur **Sport für unseren Darm**, sondern auch besonders **nahrhaft**!

Sport?
Das liegt an den vielen Ballaststoffen. Sie können zwar nicht verdaut werden, quellen aber in unserem Darm auf und werden hin und her geschoben, bis sie ausgeschieden werden. Das ist Sport pur für unseren Darm und Sport ist gesund, das weiß doch Jeder! Ganz nebenbei können sie durch diese Bewegungen ganz viel Müll mit hinaus transportieren und reinigen so unseren Darm.

Nahrhaft?
Das liegt vor allem am Eiweiß. Eiweiß ist für uns Menschen sehr sehr wichtig! Wir brauchen es, damit unser Körper daraus seine Zellen und Gewebe aufbauen kann.

Übung: Zum Ausfüllen und kreativ sein!

Name: _____   Name: _____

Anzahl: _____   Menge: _____

Name: _____   Name: _____

Anzahl: _____   Anzahl: _____

Name: _____   Name: _____

Anzahl: _____   Farbe: _____

Name: _____   Name: _____

Anzahl: _____   Farbe: _____

Was würde ich an diesem Rezept „Linsige Freude" anders machen oder wo muss ich beim nächsten Kochen aufpassen?

_____

_____

_____

_____

_____

_____

Matjes an der Waffel
Matjessalat mit Apfel und Orange in Joghurtsoße

 4 Portionen
🕒 35 Minuten

1 Portion

581 kcal
25 g Fett
58 g Kohlenhydrate
26 g Eiweiß
8 g Ballaststoffe

Zutaten für 4 Portionen

Orange
groß
1

Äpfel
groß
2

Cornichons
Gewürzgurken
100 g

Schnittlauch

½ Bund

Matjes
Filet
5

Joghurt
3,5 % Fett
250 g

Dillspitzen

2 EL

Dinkelmehl
Vollkorn
250 g

Jodsalz mit
Fluorid
1 Prise

Magerquark

100 g

Apfelessig

2 EL

Butter
für das
Waffeleisen

1. Schäle die Orange und schneide sie in kleine Würfel.

2. Wasche die Äpfel unter fließendem Wasser gründlich ab.

3. Viertele die Äpfel und schneide sie in dünne Scheiben.

4. Schneide die Cornichons in dünne Scheiben.

5. Wasche den Schnittlauch und schneide ihn mit der Küchenschere in kleine Stücke.

6. Wasche die Matjesfilets unter fließend kaltem Wasser ab und tupfe sie mit Haushaltspapier trocken. Schneide den Matjes in ganz feine Stücke.

7. Gib Orange, Apfel, Cornichons, Schnittlauch, Matjes und Joghurt in eine Schale. Rühre alles unter und stell es abgedeckt in den Kühlschrank.

8. Gib das Mehl mit Salz, Magerquark, Apfelessig, Dillspitzen und 350 ml Wasser in eine Schüssel. Verrühre alles mit dem Schneebesen bis eine glatte Masse entstanden ist.

9. Fette das Waffeleisen und backe aus dem Teig 4 Waffeln.

10. Serviere die Waffeln mit dem Matjes-Obst-Salat.
Lasst es euch gut schmecken!

Was haben Sonne und Matjes gemeinsam?

Gute Frage!
Sie schenken uns ein ganz besonderes Vitamin – das Vitamin D!

Ohne das Vitamin D sähen wir ganz schön alt aus: im wahrsten Sinne des Wortes, denn dann hätten wir zum Beispiel keine gesunden und starken Knochen!

Wir können doch nicht die Sonne essen!?
Stimmt! Aber keine Sorge, uns reichen schon die Sonnenstrahlen: sobald sie auf unsere Haut treffen, können die Zellen in unserem Körper Vitamin D selbst bilden. Wow..!

Den Fisch sollten wir aber essen?
Definitiv! Matjes schmeckt nicht nur köstlich, sondern hat im Gegensatz zu anderen Lebensmitteln auch noch sehr viel Vitamin D. Das speichert er in seinem Fett. Fette Fische sind also ganz etwas feines!

Ihr solltet allerdings wissen, dass wir das allermeiste Vitamin D über die Sonne bekommen: 90 %. Die restlichen 10 % über die Nahrung. Also legt wenigstens die Arme frei und haltet euer Näschen in die wunderschönen Sonnenstrahlen. Aber nicht bis zum Sonnenbrand! Und merke: verspeise hin und wieder einen so köstlichen fetten Fisch!

Übung: Zum Ausfüllen und kreativ sein!

	Name: _____		Name: _____
	Anzahl: _____		Anzahl: _____

	Name: _____		Name: _____
	Anzahl: _____		Menge: _____

	Name: _____		Name: _____
	Anzahl: _____		Menge: _____

	Name: _____		Name: _____
	Farbe: _____		Farbe: _____

Was würde ich an diesem Rezept „Matjes an der Waffel" anders machen oder wo muss ich beim nächsten Kochen aufpassen?

_____
_____
_____
_____
_____
_____
_____

Quisotto blanco
Quinoa mit Sellerie, Bergkäse und Salbei

4 Portionen
40 Minuten

1 Portion

447 kcal
18 g Fett
48 g Kohlenhydrate
20 g Eiweiß
7 g Ballaststoffe

Zutaten für 4 Portionen

Quinoa
250 g

Zwiebel
1

Knoblauchzehe
1

Sellerie Knolle
1

Butter
1 EL

Traubensaft weiß
150 ml

Gemüsebrühe Pulver
1 EL

Bergkäse
150 g

Salbeiblätter Frisch
4

Schäle die Zwiebel und den Knoblauch und hacke sie fein.

1

Entferne das Grün von der Sellerieknolle, schäle sie und schneide sie in kleine Würfel.

2

Erhitze die Butter in einem Topf und schwitze Zwiebel und Knoblauch darin glasig.

3

Gib Quinoa, Sellerie und Salbei hinzu. Lösch es mit dem Traubensaft ab und lass es kurz köcheln. Gib dann das Wasser mit der Gemüsebrühe hinzu.

4

Reibe den Bergkäse mit der Küchenreibe.

5

Hebe den geriebenen Käse gegen Ende der Kochzeit unter das Risotto.

6

Wenn der Käse geschmolzen und gut verteilt ist, dann verteile das Risotto auf 4 Portionen.
Bon appétit!

7

Diese Pflanze macht Spaß!

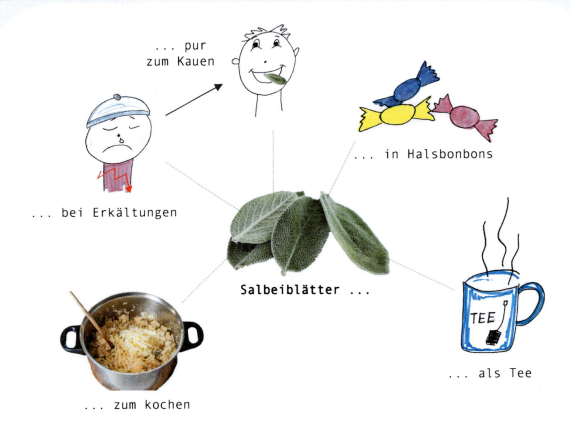

Jetzt wisst ihr wie der schöne Salbei aussieht und habt sogar schon mit ihm gekocht!

Wahrscheinlich kennt ihr Salbei sonst nur aus den Bonbons, die es zu naschen gibt, wenn ihr erkältet seid.

Warum hilft Salbei denn eigentlich bei Erkältungen?

Salbei enthält viele tolle Stoffe, die ganz besonders gut gegen einen schmerzenden Hals und eine verstopfte Nase sind:

Ätherische Öle und Gerbstoffe

Ätherische Öle schützen die Pflanze ursprünglich davor, von Insekten und anderen Schädlingen gefressen zu werden.
So können sie auch die Erkältungsbakterien aus unserem Körper vertreiben, die uns angreifen wollen.

Gerbstoffe kommen in verschiedenen Teilen von Pflanzen vor. Sie werden häufig in der Medizin verwendet, weil sie heilende Wirkungen haben. Halsentzündung adé!

Salbei im Mund macht euch gesund!

Übung: Zum Ausfüllen und kreativ sein!

Name: _____

Farbe: _____

Name: _____

Farbe: _____

Name: _____

Anzahl: _____

Name: _____

Anzahl: _____

Name: _____

Anzahl: _____

Name: _____

Menge: _____

Name: _____

Menge: _____

Name: _____

Menge: _____

Was würde ich an diesem Rezept „Quisotto blanco" anders machen oder wo muss ich beim nächsten Kochen aufpassen?

_____

_____

_____

_____

_____

_____

_____

Restefest

Lasagne aus altem Brot, Spinat und Karottensalat

🍽 4 Portionen
🕐 55 Minuten

1 Portion

490 kcal
16 g Fett
55 g Kohlenhydrate
24 g Eiweiß
15 g Ballaststoffe

Zutaten für 4 Portionen

Spinat
500 g

Birnen
2

Gouda Käse
200 g

Vollkornbrot trocken
8 Scheiben

Karotten
4

Zitronensaft
2 EL

Olivenöl
1 EL

Honig flüssig
1 TL

Wenn die Jahreszeit es ermöglicht, dann wasche und hacke frischen Spinat. Wenn nicht, dann gebrauche Blattspinat aus der Tiefkühltruhe, wie hier zu sehen.

Wasche die Birnen unter fließendem Wasser ab.

Entferne das Gehäuse und schneide die Birne in schmale Stücke.

Reibe den Gouda an der Küchenreibe. Heize den Backofen auf 180 °C (Ober-/Unterhitze) vor.

Schichte 1/3 des Vollkornbrotes unten in die Form. Lege darauf 1/3 des Blattspinates.

Lege 1/3 der Birnen und schichte 1/3 des Goudas darauf. Wiederhole das Ganze noch 2 mal, sodass du oben wieder mit dem Käse endest. Lass es 35 bis 40 Min. im Backofen backen.

In der Zeit kannst du dich um den Salat kümmern. Wasche die Karotten unter fließendem Wasser und trockne sie, damit sie nicht glitschig sind.

Rasple die Karotten an der Küchenreibe und gib sie in eine Salatschale.

Rühre eine Soße aus dem Olivenöl, Zitronensaft, Honig und 1 EL Wasser an. Vermische alles und gieße die Soße über den Karottensalat.

Serviere die fertig gebackene Brotlasagne mit dem Karottensalat als Beilage. Bon appétit!

Warum sagt man immer, dass Karotten gut für die Augen sind?

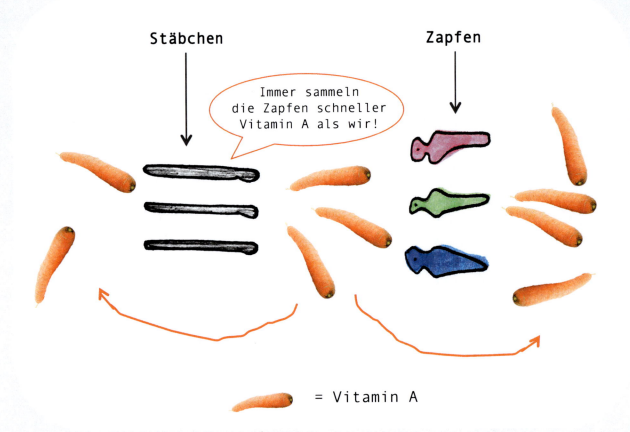

Damit unser Auge funktioniert, brauchen wir Vitamin A.

Was hat das mit der Karotte zu tun?
Karotten enthalten ganz viel Carotin.
Das wird in unserem Körper zu Vitamin A umgewandelt.

Was passiert, wenn wir zu wenig Vitamin A bekommen?
Im Auge gibt es Stäbchen und Zapfen.
Stäbchen sorgen dafür, dass wir im Dunkeln sehen können.
Zapfen sorgen dafür, dass wir Farben sehen können.

Wenn unser Körper zu wenig Vitamin A bekommt, dann treten Stäbchen und Zapfen in Konkurrenz. Leider verlieren die Stäbchen immer! Sie sind einfach langsamer beim Einsammeln von Vitamin A als die Zapfen. Bekommt euer Körper also zu wenig Vitamin A, dann bekommt ihr zuerst im Dunkeln Probleme mit dem Sehen. Also lasst die Stäbchen nicht leiden und nascht hin und wieder eine Karotte!

Wenn eure Stäbchen und Zapfen genug Vitamin A bekommen, heißt das nicht, dass ihr beim Verzehr von extra vielen Karotten bald noch viel besser sehen könnt. So funktioniert das leider nicht! Dafür bekommt ihr aber vielleicht eine leicht orange gefärbte Haut ☺.

Übung: Zum Ausfüllen und kreativ sein!

Name: _____

Anzahl: _____

Name: _____

Menge: _____

Name: _____

Menge: _____

Name: _____

Menge: _____

Name: _____

Anzahl: _____

Name: _____

Menge: _____

Name: _____

Anzahl: _____

Was würde ich an diesem Rezept „Restefest" anders machen oder wo muss ich beim nächsten Kochen aufpassen?

Roter Feuertopf
Pochierte Eier in Tomaten-Paprika-Soße

🍴 4 Portionen
🕐 50 Minuten

1 Portion

484 kcal
17 g Fett
53 g Kohlenhydrate
22 g Eiweiß
13 g Ballaststoffe

Zutaten für 4 Portionen

Paprikaschoten	Zwiebel	Knoblauchzehen	Rapsöl	flüssiger Honig	Tomatenmark
4	1	3	2 EL	1 TL	1 EL

Tomaten	schwarzer Pfeffer	Jodsalz mit Fluorid	Koriander	Petersilie	Eier
5	½ TL	1 Prise	1 Bund	1 Bund	4

Fetakäse	Vollkornbrot
40 g	8 Scheiben

 Wasche die Paprika unter fließendem Wasser ab.

1

 Schneide die Paprika in zwei Hälften. Entferne Strunk und Kerne. Hacke sie in kleine Stücke.

2

 Schäle Zwiebel und Knoblauch. Halbiere die Zwiebel und schneide beides in dünne Streifen.

3

 Erhitze das Öl in einem Topf. Röste die Paprika darin an.
Gib Zwiebeln und Honig dazu. Dünste alles bei niedriger Temperatur.

4

 Gib Tomatenmark und Knoblauch dazu.

5

 Wasche die Tomaten. Entferne alle grünen Stellen und schneide sie in kleine Stücke.

6

 Gib die Tomaten dem Topf hinzu. Lass alles ca. 15 Minuten köcheln. In der Zeit kannst du Petersilie und Koriander mit der Kräuterwiege grob hacken.

7

 Gib Salz, Pfeffer und jeweils die Hälfte von Koriander und Petersilie hinzu. Rühre alles unter.

8

 Forme mit einem Esslöffel vier Mulden in die Soße. Schlage 4 Eier hinein. Schließe die Pfanne mit einem Deckel und warte, bis das Eiweiß vollständig weiß ist.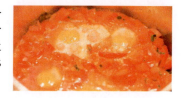

9

 Bestreue das fertige Gericht mit dem Rest Petersilie, Koriander und dem Fetakäse. Reiche selbst-gebackenes Vollkornbrot (S. 91) dazu. Lasst es euch schmecken!

10

Warum weinen wir, wenn wir Zwiebeln schneiden?

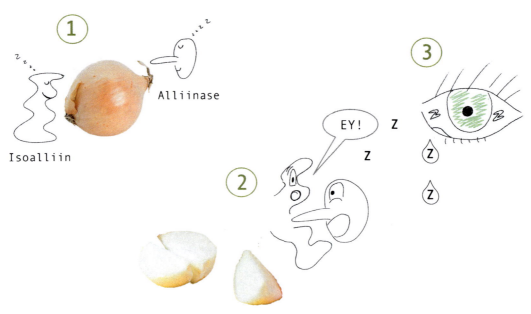

Alliinase und Isoalliin treffen aufeinander!

Isoalliin und Alliinase sind Nachbarn in der Zwiebel. Sie treffen sich allerdings nie, da sie in ganz verschiedenen Räumen wohnen. So haben sie ihre Ruhe.

Irgendwann allerdings wird die Zwiebel zum Essen aufgeschnitten. Das bedeutet, dass sich die Nachbarn Isoalliin und Alliinase zum ersten mal sehen, denn ihre Räume werden geöffnet.

Sie stürzen sofort aufeinander zu!

Die Alliinase spaltet mit ihrer langen Nase das Isoalliin in zwei Stücke. Diese Stücke sehen beide aus wie der letzte Buchstabe des Alphabets: das Z. Z wie Zwiebel.

Z und Z sind so klein, dass sie durch Luft zu den Augen fliegen können. Das Auge wehrt sich und schüttet sofort Tränen aus, um Z und Z auszuspülen.

Deshalb sieht es so aus, als ob wir weinen!
Aber keine Sorge - Zwiebeln schneiden macht nicht traurig, sondern ist nur eine chemische Reaktion!

Übung: Zum Ausfüllen und kreativ sein!

Name: _____ Name: _____

Anzahl: _____ Menge: _____

Name: _____ Name: _____

Menge: _____ Menge: _____

Name: _____ Name: _____

Anzahl: _____ Menge: _____

Name: _____ Name: _____

Anzahl: _____ Anzahl: _____

Was würde ich an diesem Rezept „Roter Feuertopf" anders machen oder wo muss ich beim nächsten kochen aufpassen?

_____

_____

_____

_____

_____

_____

Schneeweißchen und Gemüsebunt
Ofenkartoffeln mit Grillgemüse und Quark

4 Portionen
60 Minuten

1 Portion

541 kcal
19 g Fett
57 g Kohlenhydrate
27 g Eiweiß
14 g Ballaststoffe

Zutaten für 4 Portionen

Quark
20 % Fett
500 g

Senf
2 TL

Petersilie
1 Bund

Jodsalz mit Fluorid
½ TL

Pfeffer
½ TL

Kürbiskerne
2 EL

Drillinge festkochend
1 kg

Karotten
300 g

Blumenkohl
300 g

Jodsalz mit Fluorid
½ TL

Pfeffer
½ TL

Olivenöl
4 EL

Rosmarin
3 TL

1. Gib den Quark in eine Schüssel. Rühre Senf, Salz und Pfeffer darunter.

2. Hacke die Petersilie. Streue sie und die Kürbiskerne auf den Quark. Bewahre ihn abgedeckt im Kühlschrank auf.

3. Bürste Kartoffeln und Karotten mit einer Gemüsebürste unter fließendem Wasser sauber.

4. Schneide die Kartoffeln längs in zwei Hälften, die Karotten in ca. 2 cm dicke Scheiben.

5. Trenne die Blumenkohlröschen vom Strunk und wasche sie ab. Schäle den Strunk mit einem scharfen Messer und schneide ihn ihn grobe Stücke.

6. Heize den Backofen auf 180°C (Umluft) vor.

7. Mische Olivenöl, Rosmarin und Salz in einer Schüssel. Gib Kartoffeln, Karotten und Blumenkohl hinzu. Benetze alles mit dem Öl.

8. Lege ein Backblech mit Backpapier aus. Verteile die Mischung darauf und lass sie auf mittlerer Schiene im Backofen ca. 45 Minuten backen.

9. Wenn du leicht mit einer Gabel in die Kartoffeln hinein piksen kannst, dann hole das Blech mithilfe von Topflappen aus dem Ofen heraus. VORSICHT: heiß!!

10. Richte Kartoffeln und Grillgemüse zusammen mit dem Quark an! Köstlich!

Stelle aus Milch und Zitronensaft Quark selbst her!

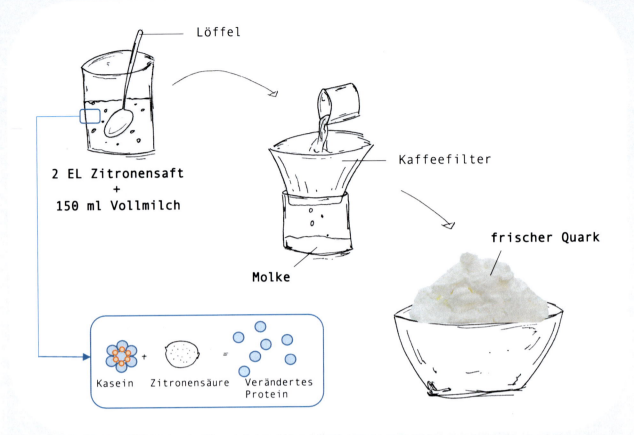

Wie?
Rühre vorsichtig 2 EL Zitronensaft unter 150 ml Vollmilch (3,5 % Fett), bis Klümpchen entstehen. Lass es 3 Min. ruhen und gieße es dann durch einen Kaffeefilter.

So fängst du köstlichen Speisequark auf!

Die Flüssigkeit, die durch den Filter fließt, nennt man Molke.

Wie geht das?
So wie du das Gesicht verziehst, wenn du in ein Stück saure Zitrone beißt, verändert sich durch die Säure des Zitronensaftes auch die Struktur der Proteine (=Eiweiße) aus der Milch.

Den Prozess nennt man GERINNUNG!

80 % der Proteine aus der Milch heißen Kasein und die restlichen 20 % heißen Molkenprotein.
Während die Kaseine also durch Säure gerinnen, brauchen die Molkenproteine dafür Hitze.

Übung: Zum Ausfüllen und kreativ sein!

Name: _____	Name: _____

Anzahl: _____	Farbe: _____

Name: _____	Name: _____

Anzahl: _____	Menge: _____

Name: _____	Name: _____

Farbe: _____	Farbe: _____

Name: _____	Name: _____

Farbe: _____	Menge: _____

Was würde ich an diesem Rezept „Schneeweißchen und Gemüsebunt" anders machen oder wo muss ich beim nächsten Kochen aufpassen?

_____

_____

_____

_____

_____

_____

Spaghetti mit Hoffnung
Vollkornspaghetti mit Brokkolisoße und Feta

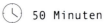 4 Portionen
 50 Minuten

1 Portion

464 kcal
17 g Fett
53 g Kohlenhydrate
19 g Eiweiß
12 g Ballaststoffe

Zutaten für 4 Portionen

Brokkoli
400 g

Zwiebel
1

Ingwer frisch
20 g

Rapsöl
3 EL

Feta
100 g

Muskat
1 Prise

Milch
200 ml

Spaghetti Vollkorn
350 g

Putze den Brokkoli und trenne die Röschen ab. Schäle den Stiel und schneide ihn in Würfel.

1

Gib den Brokkoli mit ein wenig Wasser in einen Topf. Bring es zum Kochen und gare den Brokkoli für 5 Minuten.

2

Schäle und hacke den Ingwer und die Zwiebel.

3

Gieße den Brokkoli durch ein Sieb ab. Erhitze in dem Topf das Öl und gib Zwiebeln, Ingwer und Brokkoli dazu. Dünste es kurz an.

4

Gieße das Gemüse mit Milch auf, gib den halben Feta und Muskat hinzu. Püriere alles fein. Lass die Soße unter Rühren bei mittlerer Hitze köcheln.

5

Setze das Nudelwasser auf. Fülle dazu einen Topf mit ca. 1,5 l Wasser und bring es zum Kochen. In der Zeit kannst du den Tisch decken.

6

Gib die Nudeln vorsichtig in das kochende Wasser und bereite sie nach Packungsbeilage zu.

7

Serviere alles zusammen und bestreue es mit dem restlichen Feta. Lasst euch die Hoffnung schmecken!

8

Die kleine Muskatnuss hat es in sich!!

Die Muskatnuss ist keine Nuss. Sie ist ein Samen.

Der Muskatnusssamen kommt von den Früchten des Muskatnussbaumes. Er wächst zum Beispiel in Indonesien.

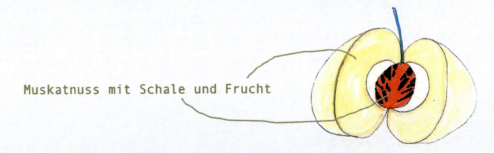

Muskatnuss mit Schale und Frucht

Und wieso soll Muskat es in sich haben??

In erster Linie ist die Muskatnuss ein tolles Gewürz! Am liebsten wird sie für Eintöpfe, Suppen, Soßen und auch in der Weihnachtsbäckerei verwendet. Köstlich!!

ABER VORSICHT! Verwende nie mehr als eine Prise davon, die zwischen Daumen und Zeigefinger passt, denn ab 5 Gramm ist Muskat **giftig** für unseren Körper! Und dann spielen Kopf und Verdauung total verrückt!

Übung: Zum Ausfüllen und kreativ sein!

Name: _____   Name: _____

Anzahl: _____   Menge: _____

Name: _____   Name: _____

Farbe: _____   Farbe: _____

Name: _____   Name: _____

Farbe: _____   Farbe: _____

Name: _____   Name: _____

Anzahl: _____   Farbe: _____

Was würde ich an diesem Rezept „Spaghetti mit Hoffnung" anders machen oder wo muss ich beim nächsten Kochen aufpassen?

Zauberschmaus
gefüllte Tomaten mit Kartoffelstampf

🍴 4 Portionen
🕐 60 Minuten

1 Portion

458 kcal
18 g Fett
47 g Kohlenhydrate
20 g Eiweiß
8 g Ballaststoffe

Zutaten für 4 Portionen

Kartoffeln mehlig
1000 g

Vollmilch
250 ml

Butter
1 EL

Salz
1 TL

Muskat
1 Prise

Tomaten Groß
6

Fetakäse
200 g

Zwiebel
1

Basilikum
1 Handvoll

Sonnenblumenkerne
4 EL

1. Entferne groben Dreck von den Kartoffeln. Schäle sie mit dem Sparschäler und schneide sie in Stücke.

2. Spüle die Kartoffeln ab. Gib sie zusammen mit Wasser in einen Topf, sodass sie knapp bedeckt sind. Lass sie ca. 25 Minuten kochen.

3. Wasche die Tomaten unter fließendem Wasser ab.

4. Schneide den Deckel von 4 Tomaten knapp ab und entferne den Strunk.

5. Entkerne die Tomaten und bewahre den Inhalt in einer Schüssel auf. Heize den Ofen auf 150 °C vor (Umluft). Zerbrösle den Feta. Verteile ihn auf die 4 Tomaten.

6. Schneide die anderen beiden Tomaten in kleine Stücke.
Hacke die Zwiebel fein.

7. Gib Tomatenstücke, Zwiebel und Kerngehäuse der 4 Tomaten in eine Form. Setz die gefüllten Tomaten mit Deckel darauf. Back sie auf mittlerer Schiene für 40 Minuten.

8. Sind die Kartoffeln gar, kannst du leicht hinein piksen. Gieß sie über einem Sieb in der Spüle ab. Lass kurz kaltes Wasser darüber laufen. Spül den Kochtopf aus.

9. Fülle die Kartoffeln zurück in den Topf. Gib Butter, Salz, Muskat und Milch dazu. Zerdrücke die Kartoffeln mit dem Stampfer.

10. VORSICHT: heiß! Hol die Form mit Topflappen aus dem Ofen.
Serviere den Kartoffelstampf mit gefüllter Tomate und dekoriere mit Sonnenblumenkernen und Basilikum.

Wisst ihr, welche Kräfte in unseren roten Tomaten stecken?

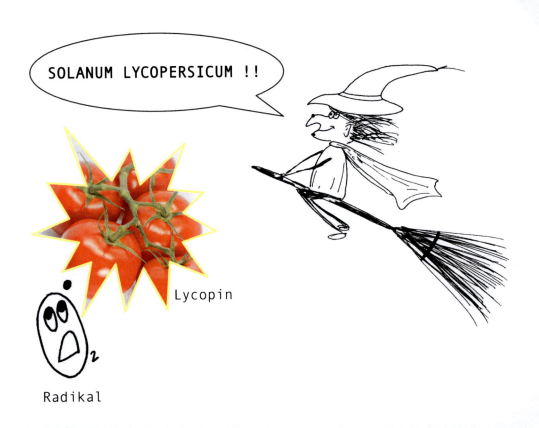

SOLANUM LYCOPERSICUM !!

In diesem Zauberspruch steckt das Wort Lycopin.
Lycopin ist der Stoff, der die Tomate rot färbt.

Aber er kann noch viel mehr:
Lycopin fängt Radikale ein, die unsere Körperzellen angreifen und beschädigen wollen.

Radikale sind kleine Spezies, die jeder von uns in seinem Körper hat.

Sie können wichtig für uns sein, aber auch gefährlich:

Wichtig sind sie, wenn sie zum Beispiel Bakterien oder Viren attackieren, die uns eine dicke Erkältung bescheren wollen.

Gefährlich sind sie aber, wenn sie sich zu sehr vermehren. Dann greifen sie die gesunden Zellen unseres Körpers an, die wir unbedingt brauchen, um selbst gesund zu bleiben!
Damit das nicht passiert, müssen Radikale andauernd durch Radikalfänger, wie Lycopin, eingefangen werden!

Also esst fleißig rotes Gemüse mit Radikalfängern, die euch beschützen!

Übung: Zum Ausfüllen und kreativ sein!

Name: _____   Name: _____

Anzahl: _____   Farbe: _____

Name: _____   Name: _____

Menge: _____   Farbe: _____

Name: _____   Name: _____

Anzahl: _____   Anzahl: _____

Name: _____   Name: _____

Anzahl: _____   Farbe: _____

Was würde ich an diesem Rezept „Zauberschmaus" anders machen oder wo muss ich beim nächsten Kochen aufpassen?

Volles Korn voraus
Dinkel-Roggen-Vollkornbrot mit Sesam

 8 Portionen
 1,5 h

2 Scheiben

251 kcal
3 g Fett
41 g Kohlenhydrate
10 g Eiweiß
7 g Ballaststoffe

Zutaten für 16 Scheiben

frische Hefe	Dinkel Vollkornmehl	Roggenschrot	Jodsalz mit Fluorid	Zucker	Apfelessig
1 Würfel	350 g	150 g	1 gestr. EL	1 TL	1 TL

Butter	Sesam
1 EL	1 EL

Messe 100 ml lauwarmes Wasser ab. Löse darin Zucker und Hefe auf.

1

Mische Dinkelmehl, Roggenschrot und Salz in einer Schüssel. Drücke mit einem Esslöffel eine Mulde in die Mitte.

2

Gieße die Hefe-Zucker-Mischung in die Mulde. Lass es ca. 15 Minuten ruhen.

3

Gib 400 ml Wasser und Essig zum eben angerührten Vorteig. Verknete die Masse mit dem Knethaken des Handrührgeräts zu einem glatten Teig.

4

Schmiere die Kastenform von innen mit der Butter aus und streue Sesam hinein.

5

Fülle den Teig in eine Kastenform. Decke ihn mit einem sauberen Küchenhandtuch ab und lass ihn 20 Minuten gehen.

6

Stell das Brot unbedeckt in den kalten Backofen. Lass es 40 bis 50 Minuten bei 175°C (Umluft) backen.

7

Stürze das fertige Brot auf ein Rost. Lass es gute 2 Stunden auskühlen.

8

Was heißt eigentlich Vollkorn?
Das heißt „das ganze Korn"!

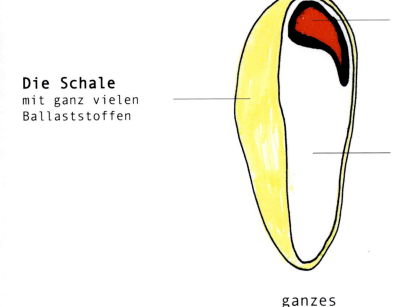

Der Keimling
mit ganz vielen Nährstoffen
-hieraus wächst eine neue Pflanze-

Die Schale
mit ganz vielen Ballaststoffen

Der Mehlkörper
mit vielen Kohlenhydraten und Eiweißen

ganzes Getreidekorn

Ein Korn kann von verschiedenen Getreidesorten kommen, egal ob Dinkel, Weizen, Roggen, Hafer oder Gerste. Sie alle baut der Landwirt auf dem Acker an. Aber danach entscheidet sich, ob das ganze Korn Vollkorn bleibt oder zu Weißmehl verarbeitet wird.

Vollkornmehl: Das ganze Korn wird in einer Mühle gemahlen und kann zum backen verwendet werden.

Weißmehl: Besteht nur aus dem Mehlkörper. Das heißt, bevor das Korn zu Mehl gemahlen wird, werden die Schale und der Keimling entfernt. Muss das sein?

**Vollkorn ist so wunderbar,
das ist uns allen völlig klar!**

Übung: Zum Ausfüllen und kreativ sein!

Name: _____   Name: _____

Farbe: _____   Menge: _____

Name: _____   Name: _____

Menge: _____   Menge: _____

Name: _____   Name: _____

Menge: _____   Menge: _____

Name: _____

Anzahl: _____

Was würde ich an diesem Rezept „Volles Korn voraus" anders machen oder wo muss ich beim nächsten Backen aufpassen?

_____

_____

_____

_____

_____

_____

_____

Danke, Danke, Danke!

... Frau Prof. Stangl, die mir die Möglichkeit gab, dieses Kochbuch zu entwerfen. Was für eine großartige Chance!

... Frau von Cramm, die mich in meinen Anfängen und der Erstellung des Konzeptes sehr begleitet hat und ich durch ihre langjährige Erfahrung sehr profitieren durfte. Ohne sie wäre aller Anfang wesentlich schwerer für mich geworden!

... der Heinz Lohmann Stiftung, die mich maßgeblich unterstützt hat, damit dem richtigen Equipment für alle künstlerischen Aktivitäten nichts mehr im Wege stand!

... dem Team von IN FORM, die alle Rezepte geprüft haben und mir ständig als kompetente Berater zur Seite standen.

... Yamastine für die hervorragende Kamera und das große Talent im Umgang mit den perfekten Lichtverhältnissen.

... Annette und Jens, deren Küche ich tagelang verwüsten und in Beschlag nehmen durfte.

... meiner Nichte Pauline und Claas, die den Nagel auf den Kopf getroffen haben!

... Mats, der mich in Gestaltungskrisen immer wieder auf den Boden der Tatsachen zurückholen konnte.